Entdecke die Fledermäuse

Eckhard Grimmberger

Titelbild:
Kleine Hufeisennasen,
Braunes Langohr (Foto: U. Hoffmeister),
Bechsteinfledermaus

Rückseite:
oben: Braunes Langohr
unten: Palmenflughund

Seite 1: Jamaica-Fruchtfledermaus, Zwerg-Fruchtfledermaus
Seite 2: Mausohr im Winterschlaf
Seite 3: Zweifarbfledermaus

Fotos ohne Quellenangaben vom Autor

ISBN: 978-3-86659-162-2 2. Auflage 2013

Tel.: 0251-13339-0 • Fax: 0251-13339-33
E-Mail: verlag@ms-verlag.de • Home: www.ms-verlag.de
Geschäftsführung: Matthias Schmidt
Layout: Nick Nadolny
Lektorat: Kriton Kunz
Druck: Alföldi, Debrecen

Verzeichnis der abgebildeten Fledermäuse und Flughunde

Alle Tier- unhd Pflanzenarten haben einen Namen. Dieser ist natürlich in jeder Sprache anders. Damit keine Verwechslungen vorkommen, erhalten sie zusätzlich noch einen wissenschaftlichen Namen. Dieser ist oft kompliziert, wird aber von den Biologen auf der ganzen Welt verstanden.

Inhaltsverzeichnis

Willkommen in der Welt der Fledermäuse und Flughunde!

Das Braune Langohr ist in Deutschland noch häufig zu beobachten
Foto: U. Hoffmeister

Vielleicht hast du schon einmal an einem Sommerabend im Garten oder an einer Straßenlaterne ein lautlos fliegendes, kleines Tier gesehen. Plötzlich war es da, und genauso schnell verschwand es wieder in der Dunkelheit. Ein kleiner Vogel konnte es nicht sein, denn die hatten sich schon lange in Sträuchern und Bäumen versteckt und schliefen. Eine Eule, die ja auch lautlos fliegt, wäre aber viel größer gewesen. Du hattest das seltene Glück, eine Fledermaus bei der Jagd beobachten zu können.

Es kann dir aber auch einmal passieren, dass du dein Fenster nachts offen gelassen hast, und plötzlich fliegt eine Fledermaus in deinem Zimmer ihre Runden. Du brauchst vor diesem Besuch keine Angst zu haben, denn er will dir nicht in die Haare fliegen oder dein Blut saugen. Vielleicht will die Fledermaus ja nur herausfinden, ob sich dein Zimmer auch als Quartier eignet, also als „Wohnung“.

Die Bechsteinfledermaus ist meist in Wäldern anzutreffen

Der Peters-Zwerg-Epaulettenflughund lebt in Afrika

Die Kleine Hufeisennase hüllt sich zum Winterschlaf in ihre Flughäute wie in einen Mantel ein

Damit du Fledermäuse besser verstehst und dich mit ihnen anfreundest, will ich dir in diesem Buch von ihnen erzählen. Du wirst dann sehen, dass sie harmlose und liebenswerte Geschöpfe sind, die unbedingt unseren Schutz und unsere Hilfe brauchen. Um sie aber schützen zu können, muss du auch wissen, wie sie leben und wo sie sich verstecken. Auf den folgenden Seiten nehme ich dich daher auf einen kleinen Ausflug in die Welt der Fledermäuse und Flughunde mit. Du erfährst dort viele interessante Dinge aus ihrem Leben und wirst auch über ihre seltsamen Gesichter staunen können.

Die Breitflügelfledermaus wohnt gerne auf Dachböden

Die Zwergfledermaus ist in Deutschland in vielen Dörfern und Städten noch recht häufig

Der Kalong ist das größte Fledertier der Welt

Mäuse mit Flügeln und fliegende Hunde?

Jede Menge Fledertiere

Bis heute wurden über 1.100 Arten von Fledertieren beschrieben!

Die Gesichter mancher Fledermäuse und Flughunde ähneln auf den ersten Blick zwar denen von Mäusen oder Hunden, sie sind jedoch mit ihnen nicht verwandt. Besser ist es daher, sie Fledertiere zu nennen – aber die Namen Fledermäuse und Flughunde sind bekannter.

Die Fledertiere leben als eigene Ordnung, also als große Gruppe der Säugetiere, schon fast 70 Millionen Jahre auf der Erde, waren also bereits Zeitgenossen von *Tyrannosaurus rex*. Außer in der Antarktis kommen sie auf allen Erdteilen vor.

Die Riesen unter ihnen gehören zu den Flughunden und erreichen wie der in Südostasien lebende Kalong Flügelspannweiten bis 1,70 Meter und wiegen über 1 Kilogramm. Die kleinste Fledermausart ist die Hummelfledermaus aus Thailand. Sie ist mit einem Gewicht von nur 2 Gramm und einer Flügelspannweite von etwa 13 Zentimetern wirklich nicht größer als eine Hummel.

In Europa ist der Riesenabendsegler mit einer Flügelspannweite von etwa 46 cm die größte Fledermausart. Um den Titel der kleinsten Fledermaus streiten sich bei uns die Nymphen- und die Mückenfledermaus. Sie wiegen oft nur 4 bis 5 Gramm, also etwa so viel wie eine 10-Cent-Münze. Im Flug wirken sie durch ihre Flügelspannweite von etwa 20 cm aber deutlich größer als im Sitzen.

Die Ohren des Mausohrs ähneln den Ohren mancher Mäuse

Die Gelbhalsmaus ist etwa so groß wie ein Mausohr

Das Gesicht des afrikanischen Palmenflughundes ähnelt einem Hundekopf

Der Riesenabendsegler ist die größte Fledermaus Europas
Foto: Torsten Pröhl, fokus-natur

Fledermäuse sind die einzigen Säugetiere, die wie die Vögel aktiv fliegen können. Bei ihnen sind die Arme und Hände in Flügel umgewandelt, ihr wissenschaftlicher Name Chiroptera bedeutet übrigens Handflügler. Die einzigen anderen Säugetiere, die sich auch in die Luft wagen, sind die Gleit- oder Flughörnchen sowie der in Südostasien lebende Riesengleiter. Sie haben aber nur eine behaarte Flughaut, mit der sie wie mit einem Gleitschirm von Baum zu Baum segeln, aber nicht aktiv durch Flügelschlagen fliegen können.

Die Flughaut der Fledertiere dagegen spannt sich zwischen den Körperseiten, den Unterarmen und den stark verlängerten Mittelhand- und Fingerknochen des 2. bis 4. Fingers aus. Auch die Beine sind in die Flughaut mit einbezogen, ebenso meist der Schwanz. Nur der mit einer Kralle versehene Daumen und die Füße befinden sich außerhalb der Flughaut und sind so frei beweglich. Die Flughaut ist meist völlig unbehaart. Sie ist sehr dünn, aber durch viele feine, elastische Fasern sehr stabil und dehnbar, auch kleine Verletzungen heilen meist schnell. Hält man sie gegen das Licht, kann man in ihr auch viele dünne Blutgefäße sehen.

Flügelspannweite

Vermisst man ein Fledertier oder einen Vogel von der Spitze des einen ausgebreiteten Flügels bis zur Spitze des anderen, so nennt man diesen Wert „Flügelspannweite".

Die großen Nachttieraugen und die an der Grenze zum weißen Bauch zusammengelegte Flughaut des Eurasischen Gleithörnchens sind gut sichtbar

Eine erwachsene Mückenfledermaus passt bequem auf einen Daumen

Körperbau einer Fledermaus

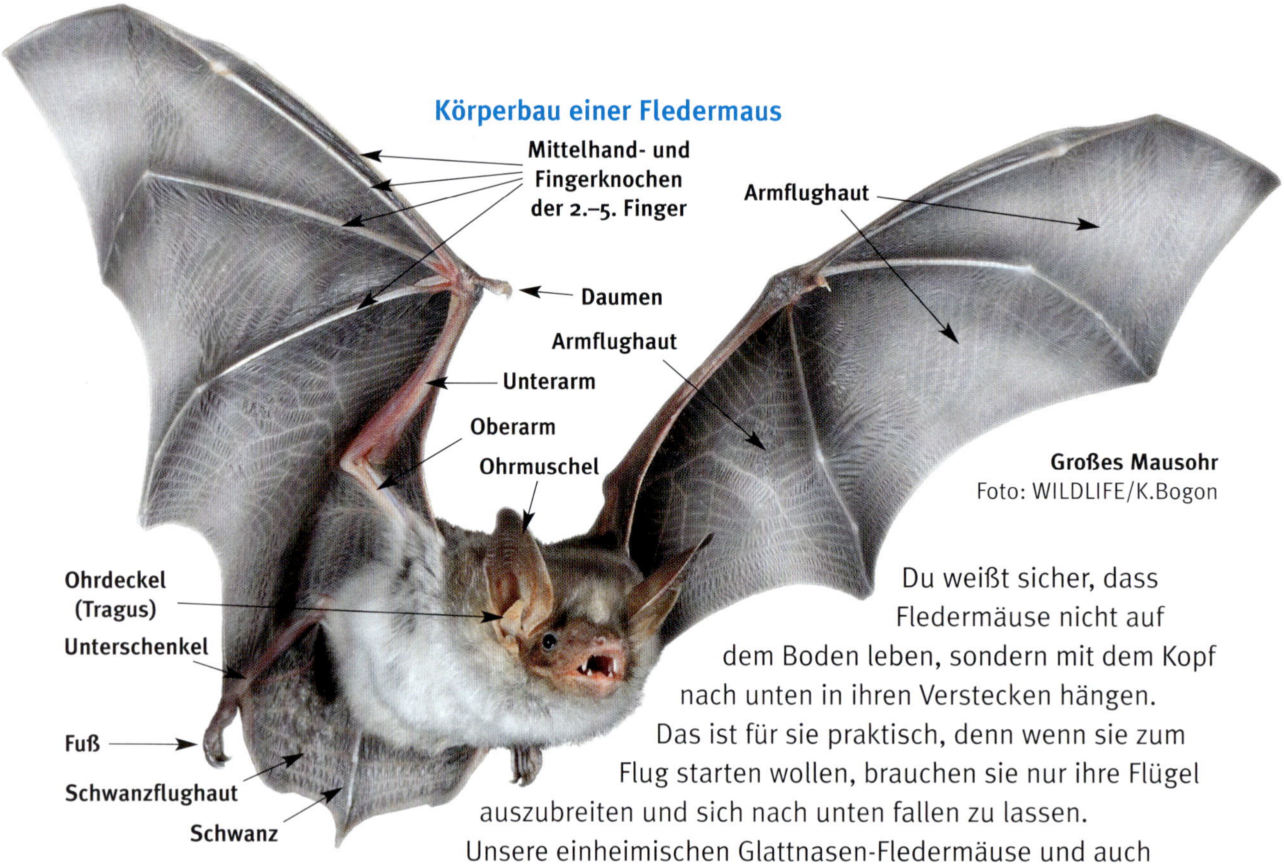

Großes Mausohr
Foto: WILDLIFE/K.Bogon

Du weißt sicher, dass Fledermäuse nicht auf dem Boden leben, sondern mit dem Kopf nach unten in ihren Verstecken hängen. Das ist für sie praktisch, denn wenn sie zum Flug starten wollen, brauchen sie nur ihre Flügel auszubreiten und sich nach unten fallen zu lassen. Unsere einheimischen Glattnasen-Fledermäuse und auch viele andere Arten sind jedoch auch auf dem Boden sehr geschickt. Sie können schnell vorwärts, einige Arten sogar seit- und rückwärts laufen, manche springen gut, und alle können vor- und rückwärts klettern. Beim Rückwärtsklettern ziehen sie sich an den Krallen der Hinterfüße hoch, zum Vorwärtsklettern benutzen sie die Daumenkrallen.

Mehely-Hufeisennase kurz vor dem Start

Kann eine Fledermaus auch vom Boden starten?

Gerät eine Fledermaus einmal zufällig auf den Boden, kann sie auch von dort auffliegen. Sie breitet dann die Flügel etwas aus, stößt sich mit den Handgelenken vom Boden ab und fliegt nach einem kleinen Sprung davon. Einige Fledermausarten, wie z. B. die Hufeisennasen, haben durch ihren etwas anderen Körperbau damit allerdings Probleme. Sie kommen daher so gut wie nie freiwillig auf den Boden.

Diese sitzende Breitflügelfledermaus breitet die Flügel etwas aus und stößt sich mit den Handgelenken zum Start ab.

Sogar wenn eine Fledermaus einmal versehentlich ins Wasser fällt, kann sie von dort wieder zum Flug starten oder an das rettende Ufer schwimmen. Fledermäuse können also alles, was du auch kannst: laufen, springen, klettern und schwimmen, aber am besten können sie fliegen, und das können wir Menschen ohne Flugzeuge oder andere Hilfsmittel nicht.

Schnell fliegende Fledermausarten kannst du an ihren langen, schmalen Flügeln und kurzen Ohren erkennen. Du kannst dir sicher auch vorstellen, dass eine Langohrfledermaus mit ihren langen Ohren Probleme hätte, im Flug richtig auf Tempo zu kommen. Fledermäuse mit langen Ohren fliegen daher in der Regel langsam, haben meist breite Flügel und können sich auch sehr geschickt im dichten Wald oder Gebüsch bewegen. Einige Arten vermögen sogar in der Luft auf der Stelle zu fliegen. Sie rütteln dabei mit den Flügeln, ähnlich wie ein Turmfalke oder Kolibri.

Handgelenk und Daumen einer Zweifarbfledermaus

Fuß einer Zweifarbfledermaus. Alle Fledertiere haben an den Füßen gebogene Krallen, an denen sie sich aufhängen.

Fledermäuse als Verkehrssünder?

Manche Fledermausarten, wie die Langflügelfledermaus, erreichen Fluggeschwindigkeiten bis 70 Kilometer pro Stunde. Ein Auto würde mit dieser Geschwindigkeit in einem Ort schon „geblitzt“– dass das Fledermäusen passiert wäre, habe ich aber noch nicht gehört.

Langflügelfledermäuse haben sehr kurze Ohren. Mit ihren langen, schmalen Flügeln können sie sehr schnell fliegen.

Vor den großen Ohrmuscheln des Braunen Langohrs ist der Ohrdeckel gut zu sehen. Er ist bei allen Glattnasenfledermäusen zu finden.

Der Palmenflughund hat sich zum Urinlassen an den Daumenkrallen aufgehängt

So praktisch es für Fledermäuse und Flughunde auch ist, ohne sich anstrengen zu müssen mit dem Kopf nach unten herumzuhängen, so gibt es für sie dadurch jedoch auch ein Problem. Wenn sie „mal müssen", könnten sie ihr Fell dabei beschmutzen. Damit das nicht passiert, drehen sie sich zu diesem Zweck um und hängen sich an ihren Daumenkrallen auf. Oft erledigen sie aber ihr „Geschäft" auch im Flug.

Männchen oder Weibchen?

Bei fast allen Fledermäusen kann man weder am Gesicht noch an der Fellfärbung unterscheiden, ob man ein Weibchen oder ein Männchen vor sich hat.

Eine der wenigen Ausnahmen ist das in Mittel- und Südamerika lebende Greisengesicht. Bei ihm besitzt nur das Männchen eine behaarte Gesichtsmaske, die es meist zusammengefaltet unter dem Kinn trägt. Es kann aber die Maske auch über sein nacktes, faltiges Gesicht nach oben ziehen. Da die Maske auf beiden Seiten über den Augen zwei durchsichtige „Hautfenster" hat, kann es dann sogar noch etwas sehen.

Für mich ist das eine der interessantesten und merkwürdigsten Fledermäuse, die es gibt!

Blasse Lanzennasen fressen außer Insekten auch Früchte und Nektar

Geister der Nacht

Wenn du dir manche Fledermausgesichter genau ansiehst, könntest du vielleicht an irgendwelche Ungeheuer oder „Außerirdische“ aus Fernsehserien denken. Dabei sind viele dieser Gesichter oft nur wenig größer als ein Daumennagel. Nur durch die Vergrößerung auf den Fotos wirken manche von ihnen so unheimlich oder gefährlich.

Besonders auffällig sind ihre unterschiedlichen Nasen und Ohren. Für die meisten Menschen sehen die Glattnasen-Fledermäuse noch am „normalsten“ aus. Zu ihnen gehören fast alle europäischen Arten. Ihre Nasen sind zwar glatt, können sich aber doch in der Form unterscheiden. Sie können lang gestreckt sein, aber auch ganz kurz, wie bei der Mopsfledermaus oder der Langflügelfledermaus. Die Ohren der Glattnasen-Fledermäuse dagegen sehen oft so verschieden aus, dass man an ihrer Form und Länge häufig sogar die Art bestimmen kann. Auch die am Ohreingang zu sehenden kürzeren Ohrdeckel – Fledermausforscher nennen sie Tragus – sehen fast bei jeder Fledermausart etwas anders aus.

Sehr große Unterschiede in der Form der Nasen gibt es aber bei den in Europa, Afrika, Asien und Australien lebenden Hufeisen- und Rundblattnasen-Fledermäusen sowie den mittel- und südamerikanischen Blattnasen-Fledermäusen. Die Hufeisennasen haben ihren Namen erhalten, weil ihr Nasenaufsatz etwa die Form eines Hufeisens hat. Ähnlich ist es auch mit dem „Nasenblatt“ der Blattnasen-Fledermäuse.

Mopsfledermäuse haben ihren Namen wegen ihres kurzen Mopsgesichtes erhalten

Das Männchen der Greisengesicht-Fledermaus hat seine Gesichtsmaske unter dem Kinn zusammengefaltet Foto: M. Tschapka

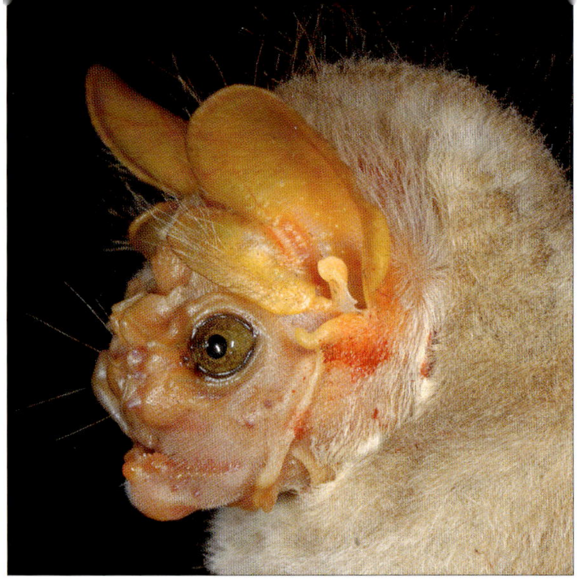

Weibchen der Greisengesicht-Fledermaus haben keine Gesichtsmaske. Für Fledermäuse ungewöhnlich sind auch die großen, braunen Augen. Diese Art ernährt sich von Früchten. Foto: M. Tschapka

Die Kleine Hasenmaulfledermaus ernährt sich von Insekten und kleinen Fischen Foto: I. Kuzmin

Die Blattnasen-Fledermäuse unterscheiden sich auch stark in der Form und der Länge ihrer Nasenblätter und Schnauzen. Fledermäuse, die sich von Nektar und Blütenstaub ernähren, brauchen eine lange Schnauze und Zunge, um ihre Nahrung in den tiefen, schmalen Blütenkelchen zu erreichen. Ihr Nasenblatt ist kurz, denn ein langes würde sie bei der Nahrungsaufnahme nur stören. Die Gewöhnliche Schwertnasen-Fledermaus mit ihrem superlangen Nasenschwert dagegen käme nie mit dem Kopf in eine Blüte hinein. Beim Insektenfangen stört sie das Nasenschwert jedoch nicht, sondern es hilft ihr wahrscheinlich sogar bei der Echo-Ortung – dazu später mehr.

Wie du siehst, sind alle diese unterschiedlichen Formen für das Leben der Fledermäuse wichtig. Die Bedeutung vieler merkwürdiger Gebilde in den Fledermausgesichtern kennen wir aber auch heute noch nicht. Warum haben die

Der Nasenaufsatz der Mehely-Hufeisennase sieht einem Hufeisen ähnlich

Die Gewöhnliche Schwertnase lebt in Südamerika. Sie fängt Insekten Foto: M. Tschapka

Geist-Fledermaus und das Greisengesicht so merkwürdige Gesichter, was macht die Persische Dreizackfledermaus mit ihrem Dreizack? Wir wissen es nicht genau.

Fledermäuse haben meist kleine, dunkle, unauffällige Augen, aber auch da ist das Greisengesicht mit seinen gelblichen Augen eine Ausnahme. Auffälliger als die Augen der Fledermäuse sind dagegen die großen, halbkugligen Nachttieraugen im Gesicht der Flughunde.

Das Gebiss von Fledertieren sieht man in Regel nur, wenn sie es zur Abwehr drohend zeigen. Auf vergrößerten Fotos wirkt es dann oft wie ein gefährliches Raubtiergebiss. In Wirklichkeit können viele der kleineren Fledermausarten damit die menschliche Haut gar nicht verletzen, dazu sind ihre Zähnchen viel zu klein. Der Biss einer großen Fledermaus, wie z. B. eines Abendseglers, kann dagegen schon recht schmerzhaft sein. Fledermäuse werden aber von sich aus nie einen Menschen beißen. Nur wenn sie sich bedroht fühlen und nicht flüchten können, zeigen sie zuerst ihre Zähne. Werden sie dann immer noch nicht in Ruhe gelassen, beißen sie in Notwehr aber auch einmal zu. Sie sollten daher grundsätzlich nicht mit bloßen Händen berührt werden. Durch Handschuhe kann man sich vor einem Biss und auch der möglichen Übertragung von Krankheiten schützen.

Der Gemeine Vampir kommt nur in Mittel- und Südamerika vor. „Gemein“ bedeutet hier „gewöhnlich“, „häufig“.

Dieser Abendsegler fühlt sich bedroht. Er schimpft laut und zeigt seine langen Eckzähne.

Man muss schon genau hinsehen, um sich im Gesicht der insektenfressenden Peters-Geistgesichtfledermaus zurechtzufinden
Foto: H. Meinig

Die drei Zacken über der Nase der Persischen Dreizackfledermaus erinnern an den Dreizack des griechischen Meeresgottes Poseidon
Foto: H. Matthes

Die Mehely-Hufeisennase sendet ihre Ultraschall-Ortungslaute bei geschlossenem Maul durch die Nasenlöcher aus

Die geheimnisvollen Sinne der Fledertiere

Vielleicht hast du schon einmal überlegt, wie es die Fledermäuse schaffen, in völliger Dunkelheit zu fliegen, ohne irgendwo anzustoßen, und dann auch noch fliegende Insekten zu fangen. Fast keine Vogelart kann das. Nur Nachtvögel, wie die Eulen, sehen mit ihren großen Augen nachts noch etwas.

Bei den Fledertieren haben aber nur die Flughunde große Nachttieraugen. Sie können damit jedoch keine Farben, sondern nur schwarz-weiß sehen. Das reicht aber aus, um auch nachts Hindernisse oder Bäume mit Früchten zu finden. Unter den Flughunden kann lediglich der am Tag in völlig dunklen Höhlen lebende Nilflughund zusätzlich mit seiner Zunge kurze, hörbare Laute erzeugen. An deren Echo von den Höhlenwänden orientiert er sich dort dann.

Auch Fledermäuse können hell-dunkel sehen, manche erkennen sogar sehr gut Bewegungen oder größere Beutetiere. Für eine schnelle Jagd nach kleinen Insekten bei völliger Dunkelheit reicht dieses Sehvermögen aber nicht aus.

Mit offenem Maul ortende Bechstein - fledermaus

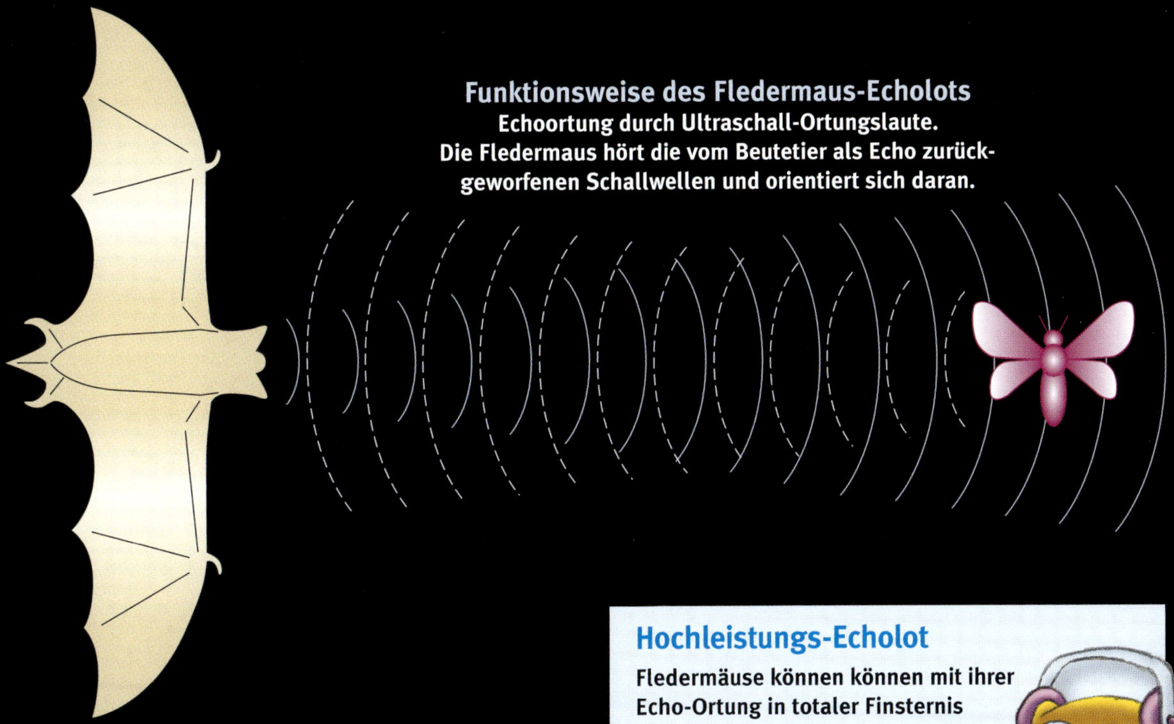

Funktionsweise des Fledermaus-Echolots
Echoortung durch Ultraschall-Ortungslaute.
Die Fledermaus hört die vom Beutetier als Echo zurückgeworfenen Schallwellen und orientiert sich daran.

Hochleistungs-Echolot

Fledermäuse können können mit ihrer Echo-Ortung in totaler Finsternis sogar Fäden erkennen, die so dünn wie ein einzelnes deiner Haare sind!

Sie müssen für ihre Orientierung daher einen anderen Weg gefunden haben. Dabei spielt ihr feines Hörvermögen eine entscheidende Rolle. Wenn du eine Glattnasen-Fledermaus kurz vor dem Start zum Flug beobachtest, siehst du, dass sie die Ohren aufgerichtet hat und mit offenem Maul ruft. Weil ihre Rufe aber sehr hoch sind, kannst du sie nicht hören. Diese hohen Töne bezeichnet man als Ultraschall. Nicht alle Fledermausarten senden den Ultraschall durch das offene Maul aus. Hufeisennasen und Langohr-Fledermäuse zum Beispiel tun dies durch die Nase. Treffen die Ultraschallrufe einer Fledermaus auf ein fliegendes Insekt oder ein Hindernis, werden die Schallwellen als Echos zurückgeworfen. Diese vielen verschiedenen Echos fängt die Fledermaus mit ihren empfindlichen Ohren auf und nimmt sie als „Hörbild“ wahr. Wir Menschen und die meisten Säugetiere sehen uns in einer fremden Umgebung um und wissen dann, wie diese aussieht. Fledermäuse sehen sich dagegen nicht um, sondern sie hören sich mit ihrem Ultraschall-Echolot um. Mit ihrem „Hörbild“ wissen sie in der Nacht ebenso wie wir am Tage, wo ein Hindernis ist, eine Tür offen steht oder ein Insekt fliegt.

Nilflughunde können sich auch am Echo ihrer Rufe orientieren

Auch das Braune Langohr kann die Ortungsrufe durch die Nase aussenden

Ihre Ultraschallrufe reichen aber meist nur wenige Meter weit. Dadurch erkennen sie einen Nachtschmetterling oder Hindernisse erst ziemlich spät. Sie müssen dann blitzschnell reagieren und machen dadurch im Flug oft viele schnelle Kurven. Natürlich können sie aber auch ganz normal geradeaus fliegen, zum Beispiel wenn sie auf dem Weg von ihrem Quartier zu ihrem Jagdgebiet sind. Sie benutzen dabei häufig immer wieder die Wege, die sie schon kennen. Wenn du zur Schule gehst, machst du das ja ähnlich, denn bekannte Wege sind sicherer. Die Flugstraßen der Fledermäuse sind nur scheinbar unsichtbar, denn in Wirklichkeit folgen sie oft einem Waldweg, einer Hecke oder einem Bachlauf.

Wenn du einmal die Ultraschallrufe einer Fledermaus hören willst, brauchst du dazu einen Ultraschall-Detektor (Bat-Detektor, sprich: Bät-Detektor). Dieser wandelt die Ultraschallrufe in tiefere, auch für Menschen hörbare Töne um. Wenn sich Fledermäuse vor dem Start oder im Flug orientieren, kannst du mit einem Bat-Detektor kurze knatternde oder fiepende Rufe hören. Da jede Fledermausart anders ruft, können Spezialisten oft sogar bestimmen, welche Fledermausart gerade unterwegs ist. Mit einfachen Detektoren ist das natürlich nicht möglich, aber du kannst mit ihnen feststellen, ob in deiner Umgebung abends oder nachts Fledermäuse fliegen.

Fledermäuse geben aber nicht nur Ultraschallrufe von sich, sondern auch von uns hörbare Laute. Wenn sie miteinander zanken oder sich bedroht fühlen, zetern sie schrill, piepsen, kreischen oder summen dumpf wie eine Hummel. Oft zeigen sie dabei auch ihre spitzen Zähne und wollen eigentlich sagen: „Lass mich in Ruhe, sonst beiße ich."

Blasius-Hufeisennase. Die Ultraschall-Ortungslaute werden durch die Nasenlöcher ausgesandt.

Die Rauhautfledermaus wandert im Herbst oft über 1.000 Kilometer nach Süden Foto: U. Hoffmeister

Geruchs- und Geschmackssinn der Fledertiere sind gut entwickelt. Sie müssen ja feststellen können, welche Früchte oder Insekten gut schmecken und welche vielleicht giftig sind. Vor allem den Flughunden hilft ihr guter Geruchs- und Geschmackssinn bei der Suche nach reifen, leckeren Früchten oder Blüten mit Nektar. Viele Fledermäuse haben auch Duftdrüsen – mit dem stark riechenden Sekret daraus markieren sie ihre Quartiere.

Wenn Fledermäuse sich in engen Spalten verstecken, hilft ihnen ihr guter Tastsinn dabei. Mausschwanz- und Bulldogg-Fledermäuse zum Beispiel tasten beim Rückwärtskriechen mit ihrem freien Schwanz nach Hindernissen oder Spalten.

Wie du siehst, haben Fledermäuse dieselben fünf Sinne wie wir Menschen für Hören, Riechen, Sehen, Schmecken und Tasten. Mit der Ultraschall-Echoortung besitzen sie jedoch zusätzlich einen sechsten Sinn, durch den sie uns in der Dunkelheit deutlich überlegen sind. Und sie haben sogar noch einen siebten Sinn, mit dem sie sich über große Entfernungen orientieren können. Er hilft den wandernden Fledermausarten, im Frühjahr auch aus über tausend Kilometer Entfernung wieder zu ihrer Baumhöhle im Wald zurückzufinden. Wie sie das genau machen, wissen wir noch nicht, aber wahrscheinlich orientieren sie sich dabei am Magnetfeld der Erde. Wir würden das nur mit einem Kompass oder einem Navigationsgerät schaffen.

Die Bulldoggfledermaus kann ihren freien Schwanz in Spalten zum Tasten benutzen

Supernasen

Hufeisennasen bündeln durch ihre Nasenaufsätze die Schallwellen zusätzlich, wodurch ihr Ortungssystem noch feiner arbeitet als das der Glattnasen. Sie haben außerdem noch einen weiteren Vorteil: Wenn sie im Flug eine Motte gefangen haben, können sie etwas, was du nicht tun solltest: Mit vollem Mund reden. Für die Hufeisennase ist das aber wichtig, denn mit dem durch die Nase ausgesandten Ultraschall kann sie sich dann trotzdem weiter gut orientieren.

Die Speisekarte der Fledertiere

Flughunde fressen hauptsächlich reife, saftige Früchte.Viele Arten besuchen nachts aber auch blühende Bäume, um aus den Blüten Nektar zu trinken.

Unsere einheimischen Fledermäuse dagegen ernähren sich überwiegend von Insekten. Überall, wo Insekten fliegen, werden sie auch von Fledermäusen gejagt. Das kann hoch über den Baumkronen durch den Abendsegler sein, im dichten Wald durch Langohrfledermäuse oder in der Nähe von Straßenlaternen von Zwergfledermäusen. Besonders gute Jagdgebiete sind kleine, ruhige Waldseen oder feuchte Waldwiesen. Oft liegen zwischen den Fledermausquartieren, wo sie tagsüber schlafen, und den Jagdgebieten, in denen sie nachts Beute machen, mehrere Kilometer.

Fliegende Insekten werden von ihnen mit dem Echolot geortet und dann oft mit den Flughäuten wie mit einem Kescher gefangen. Eigentlich benutzen Fledermäuse dabei ihre Flügel ähnlich wie wir unsere Hände. Meist fressen sie die Beute dann schon im Flug. Einige Arten, wie z. B. die Langohr-Fledermäuse, suchen aber auch feste Fraßplätze auf. Sie hängen sich mit ihrer Beute an einen geschützten Platz und verspeisen sie dort in aller Ruhe. Schmetterlingsflügel und harte Teile des Panzers der Insekten lassen sie dabei fallen. Aus solchen Fraßresten können Spezialisten dir dann den Speiseplan dieser Fledermaus erklären. Bei Langohrfledermäusen wurden so auch die Flügel der Schmetterlingsart Tagpfauenauge gefunden, die sie offenbar an ihren nächtlichen Ruheplätzen gefangen hatten.

Der Palmenflughund ist ein Fruchtfresser

Die Große Hufeisennase benutzt ihre Flughäute bei der Jagd wie einen Kescher
Foto: D. Nill / linnea images

Einige Fledermausarten erhaschen ihre Beute nicht nur im Flug, sondern sammeln Fliegen, Käfer und Raupen auch von Blättern und Ästen ab. Das Mausohr geht sogar am Boden zu Fuß auf die Jagd. Mit seinem feinen Gehör hört es das Rascheln der dort herumlaufenden Käfer und findet sie so. Eine besondere Vorliebe hat die Fransenfledermaus. Sie fängt auch Spinnen aus ihren Netzen heraus oder sammelt Weberknechte – das sind spinnenähnliche Tiere – von Blättern ab.

Wasser- und Langfußfledermäuse jagen gern über Seen und Teichen. Sie fangen dort Insekten, die dicht über dem Wasser fliegen oder auf seiner Oberfläche leben. Die Langfußfledermaus erbeutet auch gelegentlich einen kleinen Fisch, der sich zu dicht an die Wasseroberfläche gewagt hat.

Die in Mittel- und Südamerika lebende Große Hasenmaulfledermaus dagegen hat sich sogar ganz auf den Fischfang spezialisiert. Mit ihren langen Füßen und Fußkrallen fängt sie dicht unter der Wasseroberfläche schwimmende Fischchen.

Der Schwarzrandspinner ist häufig in Gärten anzutreffen

Die Fransenfledermaus frisst außer Insekten auch Spinnen

Weberknechte gehören auch zur Beute von Fledermäusen

Laufkäfer zählen zur bevorzugten Nahrung von Mausohren

Auch Schnaken finden sich im Beutespektrum einiger Fledermäuse

Große Hasenmaulfledermäuse in einer Höhle auf Kuba
Foto: U. Hermanns

In Asien, Australien und Südamerika leben einige größere Fledermausarten, die sich wie kleine Raubtiere ernähren. Sie fangen kleinere Fledermäuse, aber auch Mäuse, kleine Vögel, Frösche und andere Tiere, die sie überwältigen können. In den letzten Jahren wurde sogar nachgewiesen, dass auch die größte Fledermausart Europas, der Riesenabendsegler, gelegentlich kleine Vögel fängt und frisst, wie z. B. Blaumeisen.

Die meisten Menschen haben schon einmal gehört, dass es Fledermäuse gibt, die sich von Blut ernähren. Du denkst da vielleicht gleich an Dracula oder irgendwelche anderen Blutsauger aus Horrorfilmen. Es handelt sich aber um die nur in Mittel- und Südamerika lebenden Vampirfledermäuse. Diese haben mit Dracula und den Vampirgeschichten aus dem Fernsehen absolut nichts zu

Großer Hunger!

Fledermäuse haben einen großen Appetit. Sie fressen jede Nacht ein Viertel bis ein Drittel ihres eigenen Körpergewichtes. Wenn du etwa 30 Kilogramm wiegst, müsstest du also jeden Tag etwa 10 Kilogramm Brot, Kartoffeln oder Kuchen essen! Du kannst dir also vorstellen, wie viele Mücken, Motten und Käfer eine Fledermaus in jeder Nacht fangen muss, um satt zu werden.

Gemeiner Vampir im Flug
Foto: M. Tschapka

Australische Gespenstfledermaus mit erbeuteter Maus
Foto: E. Kulzer

tun. Allerdings stimmt es, dass sie sich nur von Blut ernähren. Wenn sie hungrig sind, fliegen sie in die Nähe einer Kuh oder eines anderen Tieres und landen dann in seiner Nähe. Die letzten Meter schleichen sie sich zu Fuß weiter heran. Nachdem sie sich nun eine gut durchblutete Hautstelle gesucht haben, belecken sie diese erst und ritzen sie mit ihren scharfen Zähnen danach etwas an. Da ihr Speichel die Blutgerinnung hemmt, fließt das Blut meist gut, und sie können bei einer Mahlzeit bis zu 15 Gramm Blut oder mehr auflecken. Sie sind also eigentlich keine Blutsauger, sondern Blutlecker oder Bluttrinker. Manchmal können sogar im Freien schlafende Menschen Blutspender für Vampirfledermäuse werden. Der Blutverlust ist weder für Menschen noch für Kühe oder andere Tiere gefährlich, auch die kleine Hautwunde heilt meist schnell. Gefahren bestehen jedoch durch die mögliche Übertragung von Krankheiten. Vampire sind übrigens die intelligentesten Fledermäuse.

Giftige Zwischenmahlzeiten

Selbst giftige Tiere werden von Fledermäusen erbeutet. Die afrikanischen Schlitznasenfledermäuse fangen außer Insekten sogar die am Boden lebenden giftigen Skorpione. Sie sind dabei so geschickt, dass sie nicht von deren Giftstachel getroffen werden.

Im Flug trinkende Fransenfledermaus
Foto: Arco, NPL, K. Taylor

Sehr viele in den tropischen Wäldern Mittel- und Südamerikas lebende Fledermäuse sehen zwar gefährlich aus, sind aber in Wirklichkeit völlig harmlose Frucht- oder Blumenfledermäuse. Die Fruchtfledermäuse bevorzugen reife, saftige Früchte, wie es ihr Name schon sagt. Sie zerkauen diese meist nur und trinken ihren Saft. Die Fruchtsamen werden zum Teil ausgespuckt, zum Teil wieder mit dem Kot ausgeschieden. Daraus können dann neue Bäume wachsen.

Fast wie Bienen ...

Wenn Blütenfledermäuse zum Nektartrinken ihren Kopf in eine Blüte stecken, sammelt sich in ihren Kopfhaaren Blütenstaub, mit dem sie dann die nächste Blüte bestäuben. Eigentlich machen sie also etwas ganz Ähnliches wie unsere Bienen: Nektarsammeln und Blütenbestäuben – nur dass es bei ihnen dann keinen Honig gibt.

Die lange Schnauze der Bananenfledermaus sieht fast wie ein Schnabel oder eine Pinzette aus. Damit erreicht sie auch den Nektar in tiefen Blütenkelchen. Foto: M. Tschapka

Blumenfledermäuse dagegen ernähren sich wie viele Insekten, Kolibris und Nektarvögel von Nektar und Blütenstaub (Pollen). Um den Nektar in tiefen Blütenkelchen zu erreichen, haben Insekten lange Saugrüssel, Nektarvögel und Kolibris lange Schnäbel und Zungen entwickelt. Bei den Blumenfledermäusen ist das ganz ähnlich: Sie besitzen lang gestreckte Schnauzen und lange Zungen. Damit gelingt es ihnen, auch in schmalen und tiefen Blütenkelchen den Nektar aufzulecken.

Orange-Nektarfledermaus an einer Blüte
Foto: M. Tschapka

Sie stehen dabei entweder, ähnlich wie Kolibris, im Schwirrflug vor der Blüte oder halten sich mit ihren Krallen daran fest und stecken den Kopf hinein.

Frucht- und Blumenfledermäuse sind für den Erhalt der tropischen Wälder sehr wichtig. Die Fruchtfledermäuse verteilen die Samen der Früchte über große Flächen und säen so neue Bäume und Sträucher. Die Blumenfledermäuse sorgen wie unsere Bienen und Hummeln durch die Bestäubung der Blüten dafür, dass Bäume, Sträucher und Kakteen wieder viele Früchte und Samen tragen.

Wie fast alle Säugetiere müssen Fledertiere auch Wasser trinken, denn die Flüssigkeit, die ihre Nahrung enthält, kann nur für einige Zeit das Trinkwasser ersetzen. Wenn sie Durst haben, fliegen sie dicht über dem Wasser und trinken im Flug.

Eine Langnasen-Blumenfledermaus hat den Kopf auf der Suche nach Nektar tief in eine Kaktusblüte gesteckt Foto: M. Tschapka

Um Weibchen anzulocken, hängt sich ein Gambia-Epaulettenflughund in eine Baumkrone, ruft laut und schlägt mit den Flügeln. Dabei stülpt er an den Schultern weiße Haarbüschel (seine Epauletten) aus.

Fledermaushochzeit und Wochenstuben

Fledermäuse leben nicht in einer Familie, die gemeinsam ihre Jungen aufzieht. Männchen und Weibchen suchen sich in jedem Jahr im Herbst für wenige Tage mehrere Partner, mit denen sie sich dann paaren. Die Männchen warten einzeln in ihren Paarungsquartieren auf die Weibchen, denn diese entscheiden, zu welchem Männchen sie fliegen. Paarungsquartiere können sich in Baumhöhlen, auf Dachböden, in Mauernischen oder anderen geschützten Plätzen befinden. Durch Rufe aus dem Quartier heraus oder Singflüge vor dem Quartier versuchen die Männchen die Weibchen anzulocken. Manche Arten, wie z. B. Abendsegler, markieren außerdem das Quartier mit den stark riechenden Sekreten ihrer Mundwinkeldrüsen. Starke Männchen, die viel fliegen und rufen, locken dann meist mehrere Weibchen in ihr Quartier. Bei solchen erfolgreichen Männchen zum Beispiel der Rauhautfledermaus kann man dann fünf oder mehr Weibchen finden. Einige Fledermausarten paaren sich aber auch noch später im Winterquartier. Nach der Paarung wird der männliche Samen im Körper des Weibchens bis zum Frühjahr gespeichert. Erst wenn das Weibchen aus dem Winterschlaf erwacht, werden eine oder zwei ihrer Eizellen befruchtet. Meist im Mai suchen sich

Dieser drohende Abendsegler zeigt seine Zähne und die großen, gelblichen Mundwinkeldrüsen

Mausohr-Wochenstube im Dachfirst einer Kirche. Die Jungen sind noch dunkler gefärbt als ihre Mütter.

die Weibchen dann ein warmes, ungestörtes Quartier, wo sie gemeinsam mit anderen Weibchen eine sogenannte Wochenstube bilden. Wochenstubenquartiere können sich auf dem Dachboden eines Hauses oder einer Kirche befinden, außen an Gebäuden, in Spalten hinter Brettverschalungen am Haus oder auch in Baumhöhlen. In Südeuropa nutzen Fledermausweibchen auch gerne warme Felshöhlen. Jede Fledermausart hat bei der Quartierwahl ihre besonderen Vorlieben. Waldfledermäuse, wie Rauhautfledermaus oder Abendsegler, bewohnen meist Baumhöhlen. Hausfledermäuse, wie Mausohr, Breitflügelfledermaus und Zwergfledermaus, sind dagegen oft heimliche Untermieter in oder an Gebäuden. Je nach Art sammeln sich zehn bis über weit tausend Weibchen in einer

Fransenfledermäuse bei der Paarung

Die Väter haben frei

Was machen eigentlich die Fledermausmännchen in der Zeit, in der die Weibchen in der Wochenstube trächtig sind, also Junge erwarten, und dann den Nachwuchs großziehen? Sie haben frei, müssen sich nicht um die Aufzucht der Jungen kümmern und leben einzeln, manchmal auch in Gruppen in ihren Jagdrevieren.

Älter als du?

Bei vielen Fledermausarten wurde bereits ein Höchstalter von 20 bis über 30 Jahren nachgewiesen. Den Altersrekord hält zurzeit eine Große Bartfledermaus mit 41 Jahren. Wenn du also einmal eine Fledermaus in der Hand haben solltest, kann diese bereits viel älter als du sein.

Wochenstube. Solche großen Wochenstuben sind dann oft aus der Nähe gut zu hören, denn die Weibchen stoßen sich gelegentlich gegenseitig an und zanken dann laut miteinander um den Platz. Dabei beißen oder verletzen sie sich aber nicht. Fast immer schließen sich nur die Weibchen derselben Fledermausart zu einer Wochenstube zusammen. Gelegentlich kommt es aber auch vor, dass sich einige Weibchen einer anderen Fledermausart solch einer Wochenstube anschließen. Da Wochenstubenquartiere oft über viele Jahrzehnte immer wieder erneut benutzt werden, ist ihr Schutz für die Fledermäuse besonders wichtig.

Die Große Bartfledermaus ist zwar kleiner als eine Hausmaus, kann aber bis 41 Jahre alt werden

Brillenblattnase trägt ihr Junges

Die Weibchen bekommen dann bei uns meist im Juni ein, bei manchen Arten auch zwei nackte und blinde Junge. Nur bei einigen tropischen Fledermausarten haben die Jungen schon bei der Geburt ein Fell und offene Augen. Die Neugeborenen krallen sich mit ihren großen Füßen und Daumenkrallen ins Fell der Mutter und saugen sich zusätzlich auch noch an einer Zitze fest. Hufeisennasen-Fledermäuse und einige andere Arten haben außerdem noch extra Haftzitzen, an denen sich das Junge festsaugen kann.

In den ersten Lebenstagen der Jungen bleiben die Mütter oft noch im Quartier. Wenn sie dann aber wieder zur Jagd ausfliegen, lassen sie die Jungen in der Wochenstube zurück. Sie hängen dann dort meist dicht gedrängt zusammen. Dabei müssen sie sich selbst an den rauen Flächen im Quartier festkrallen, denn Fledermäuse bauen nie Nester. Bei Störungen, manchmal aber auch ohne erkennbaren Grund, wechseln die Weibchen ihr Wochenstubenquartier. Während eines solchen Umzugs nehmen sie dann ihre Jungen im Flug mit.

Wenn die Mütter vom Jagdflug zurückkommen, erkennt jede ihr eigenes Junges an der Stimme und am Geruch. Sie säugen nur ihre eigenen Babys, fremde Junge bekommen keine Milch. Außer der Muttermilch erhalten junge Fledermäuse keine andere Nahrung, sie werden also nicht mit Insekten oder anderem gefüttert. Wenn sie dann mit etwa vier bis fünf Wochen flügge werden, folgen sie bei ihren ersten Flügen oft noch der Mutter. Dadurch finden sie besser den Weg zu den Jagdgebieten und zurück zur Wochenstube. Nach ihrem ersten Ausflug werden sie vielleicht noch einige Tage gesäugt, dann müssen sie aber selbst für sich sorgen und Insekten fangen. Junge Weibchen kehren in den folgenden Jahren häufig wieder in die Wochenstube zurück, in der sie geboren wurden, und bekommen dort schon in ihrem ersten oder zweiten Lebensjahr ihr erstes Junges.

Vielleicht weißt du, dass eine Hausmaus bei einer Geburt oft über zehn Junge werfen kann, und das mehrmals im Jahr. So hat sie dann 80 bis 90 Junge im Jahr. Eine Fledermaus dagegen bringt jedes Jahr nur ein oder zwei Babys zur Welt. Da Mäuse meist aber nur ein bis drei Jahre alt werden, brauchen sie diese große Jungenzahl, um ihre Art zu erhalten. Den Fledermäusen reichen für die Arterhaltung dagegen jährlich ein bis zwei Junge. Der Grund dafür ist ihre sehr hohe Lebenserwartung, sie werden also recht alt.

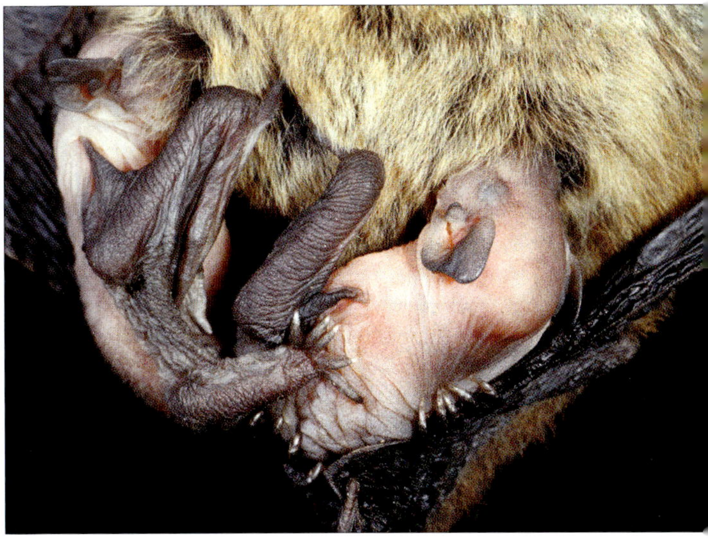

Die neugeborenen Zwillinge einer Mückenfledermaus haben sich an den Zitzen der Mutter festgesaugt.

Etwa 10 Tage alte Breitflügelfledermaus

Diese ein bis zwei Tage alte Breitflügelfledermaus ist bei kaltem Wetter aus einer Wochenstube gefallen.

Frei an der Decke hängendes Mausohr im Winterschlaf

Wenn der Winter kommt ...

In den Tropen finden Flughunde und Fledermäuse das ganze Jahr über einen reich gedeckten Tisch vor. Es gibt immer Früchte und Blüten oder Insekten und andere Beutetiere zu fressen.

Bei uns in Europa dagegen wird es Winter mit Eis und Schnee. Dann fliegen keine Insekten mehr, und vielen Vögeln und den Fledermäusen könnte der Hungertod drohen. Auch einige andere Säugetiere wie z. B. Igel und Siebenschläfer fänden nicht mehr genug Nahrung. Etliche Vogelarten verlassen uns dann und fliegen in warme Länder nach Süden, wo sie genug Nahrung finden. Die Körnerfresser unter den Vögeln bleiben jedoch bei uns. Ihr könnt sie dann oft auch am Futterhaus sehen, wo sie Sonnenblumenkerne und andere Samen fressen. Auf die Reste, die ihnen herunterfallen, warten dann häufig schon die Mäuse. Diese müssen aber auch sonst im Winter nicht hungern, denn sie finden selbst unter dem Schnee Samen und Wurzeln, außerdem schützt der Schnee sie vor ihren Feinden.

Fledermäuse, Igel, und Siebenschläfer überleben den Winter auf eine andere Weise: Sie verschlafen ihn einfach. Während sich der Igel in einem geschützten Nest aus Gras und Laub zum Winterschlaf zusammenrollt, gräbt sich der Siebenschläfer tief in die Erde ein. Dort schläft er dann bis zum Frühjahr etwa sieben Monate lang, daher sein Name. Fledermäuse wiederum suchen unterirdische Keller, Bergwerksstollen oder Höhlen als Winterquartier auf. Dort hängen sie sich

Auch der Igel ist ein Winterschläfer

einfach an der Decke oder den Wänden auf oder verstecken sich in Mauerspalten, manchmal sogar im Bodengeröll. Einige Arten hängen einzeln und hüllen sich in ihre Flughäute wie in einen Mantel ein, andere drängen sich in großen Gruppen dicht aneinander, die man auch Cluster (sprich: Klaster) nennt.

Kleine Hufeisennasen beim Winterschlaf in einer Höhle in Mähren

Während sich in den Wochenstuben meist nur Fledermäuse einer Art sammeln, findet man in Winterschlafgruppen oft verschiedene Arten friedlich beieinander.

Der Siebenschläfer verschläft tatsächlich mehr als die Hälfte des Jahres

Ein gutes Fledermauswinterquartier muss, anders als ein Wochenstubenquartier, kalt, aber frostfrei sein. Temperaturen zwischen +3 bis +8 Grad Celsius, eine hohe Luftfeuchtigkeit und das Fehlen von Zugluft sind günstig. Die hohe Luftfeuchtigkeit verhindert das Austrocknen der Flughäute. Natürlich dürfen Winterquartiere auch nicht ständig durch Menschen oder Tiere gestört werden. Die warmen Wochenstubenquartiere sind daher nicht als Winterquartiere geeignet.

Viele Fledermausarten wandern jedes Jahr oft über 100 Kilometer weit bis zu ihrem Winterquartier. Ihre Ankunft dort liegt meist im Oktober. Im März oder April verlassen sie das Quartier dann wieder.

Vielleicht fragst du dich jetzt, wie die Fledermäuse es schaffen, im Winter fünf oder sechs Monate zu überleben, ohne zu fressen.

Links: Wasserfledermäuse verstecken sich zum Winterschlaf gern in engen Mauerspalten

Rechts: Mausohren drängen sich im Winterschlaf oft dicht aneinander

Menschen hätten ja schon nach einem oder zwei Tagen einen Riesenhunger. Zunächst fressen Fledermäuse im Herbst besonders viel und speichern die Energie dann als Fett. Von diesen Fettreserven leben sie bis zum Ende des Winterschlafs. Sie sind dann deutlich schlanker und leichter als im Herbst geworden. Die Fettreserve allein würde aber nicht ausreichen, um den Winter zu überstehen. Die Fledermäuse müssen also zusätzlich dafür sorgen, dass sie nun weniger Energie als im Sommer verbrauchen. Während Fledermäuse im Sommer bei der Jagd eine Körpertemperatur von etwa 40 Grad Celsius haben und ihr Herz bis zu 800 Mal pro Minute schlägt, sinkt ihre Körpertemperatur im Winterschlaf auf etwa +10 Grad Celsius bis 0 Grad Celsius ab, und ihr Herz schlägt dann nur noch 60 Mal in der Minute. Die Atmung ist nun kaum noch sichtbar, da sie nur noch etwa ein Mal in der Minute Luft holen. Menschen könnten eine Körpertemperatur von nur 10 Grad Celsius nicht überleben. Fledermäuse aber sparen durch das Absenken der Körpertemperatur und dadurch, dass ihr Herz viel langsamer schlägt und sie kaum noch atmen, viel Energie.

Die Zweifarbfledermaus gehört zu den wandernden Fledermausarten
Foto: U. Hoffmeister

Gemeinschaft macht stark – und warm!

Die in der Mitte einer Gruppe im Überwinterungsquartier hängenden Fledermäuse haben den Vorteil, dass sie von allen Seiten etwas gewärmt und geschützt werden. Das hilft ihnen, Energie zu sparen.

Häufige Gäste in Fledermauswinterquartieren sind überwinternde Zimteulen und Mücken

Einige Fledermausarten wie Abendsegler, Rauhaut- und Zweifarbfledermäuse fliegen nicht in der Nähe ihrer Sommerquartiere in ein Winterquartier, sondern ziehen im Herbst wie Zugvögel in wärmere Regionen nach Süden. Solche weiten Wanderungen kosten viel Kraft und bringen auch etliche Gefahren mit sich. Diese Fledermausarten werden daher meist nicht so alt wie Fledermäuse, die in der Nähe ihrer Sommerquartiere überwintern, also ortstreu sind. Da es aber auch im Süden kalte Winter geben kann, müssen die wandernden Fledermausarten meist dort noch einen kurzen Winterschlaf halten. Im Frühjahr fliegen sie dann den gleichen langen Weg wieder zurück und finden durch ihre gute Fernorientierung wieder ihre alte Baumhöhle.

Diese Bechsteinfledermaus ist im Winterquartier ganz von Tautropfen bedeckt

Fledermauswinterquartiere werden aber nicht nur von Fledermäusen bewohnt. Wenn dich einmal ein Fledermausspezialist zur Kontrolle eines Winterquartiers mitnimmt, kannst du dort auch einige überwinternde Schmetterlingsarten, Mücken, Nacktschnecken, Molche und andere kleine Tiere beobachten. Spinnen und Asseln leben sogar ständig dort. Es gibt also außer Fledermäusen auch noch andere Tiere zu entdecken.

Ehemaliges Kalkbergwerk Rehefeld in Sachsen. Durch von der Decke tropfendes Wasser bilden sich Stalagmiten aus Eis.

Bitte nicht stören!

Im tiefen Winterschlaf sind Fledermäuse ziemlich hilflos. Sie können bei Gefahr weder weglaufen noch -fliegen. Meist kreischen oder piepsen sie bei einer Störung laut und zeigen ihre Zähne, aber alle ihre Bewegungen geschehen nur sehr langsam, wie in Zeitlupe. Sie brauchen dann etwa 20 bis 30 Minuten, bis ihr Stoffwechsel so viel Energie liefert, dass Körpertemperatur sowie Herzschlag und Atmung wieder normal sind. Erst dann können sie wieder fliegen und sich einen anderen Schlafplatz suchen. Bei jedem Aufwachen geht für sie also viel Energie verloren.

Faltenlippen-Fledermäuse fliegen wie in einem riesigen Band aus einer Höhle in Borneo

Fledertiere beobachten und erforschen

Du hast nun schon viel über Fledertiere und ihr Leben erfahren und möchtest sie sicher auch einmal selbst beobachten. Flughunde kannst du in Europa nur in Zoos oder manchen Fledermausschutz- und Forschungsstationen sehen, denn in der Natur leben sie in Asien, Afrika und Australien. Wenn du aber in den Ferien einmal mit deinen Eltern in die Heimat der Fughunde kommen solltest, kannst du sie dort vielleicht auch am Tag sehen. Oft hängen sie nämlich einzeln oder in großen Gruppen an den Ästen hoher Bäume und verschlafen den Tag. Manchmal streiten sie sich aber auch um die besten Plätze, und ihr Geschrei ist dann schon von weitem zu hören.

Indische Riesenflughunde hängen in einer Baumkrone
Foto: Arco, K. Wothe

Gelbohrfledermäuse in ihrem Blattzelt in Costa Rica
Foto: M. Tschapka

Am Ende des Buches findest du eine Liste von Zoos und anderen Einrichtungen in Deutschland, in denen sich Flughunde und oft auch Frucht- oder Blumenfledermäuse gut beobachten lassen. Manchmal kannst du dort sogar in einen dunklen Flugraum hineingehen, sodass Flughunde und Fledermäuse um dich herumfliegen. Dort kannst du auch sehen, wie sie Früchte fressen oder ihre Jungen säugen.

Einheimische Fledermäuse werden nicht in Zoos gehalten. Wenn du Glück hast, entdeckst du sie in freier Natur. Sie können im Wald, in Parks, in jedem Dorf und sogar in der Großstadt vorkommen. In der Dämmerung kann man sie dann manchmal vorbeihuschen sehen, aber um herauszufinden, wo sie wirklich leben, brauchst du schon viel Geduld. Vielleicht hast du Glück und siehst, wie eine oder mehrere Fledermäuse kurz hintereinander in der Dämmerung aus ihrem Versteck fliegen. Sie tun das fast immer zur gleichen Zeit, sodass du dann dort warten und sie beim Ausflug auch zählen kannst. Oft kann man auch kurz vor dem Ausflug von ihnen ein feines Wispern und Piepsen hören. Sie sitzen dann schon dicht am Ausgang, strecken ihre Flügel und putzen sich.

Kot von Mausohrfledermäusen

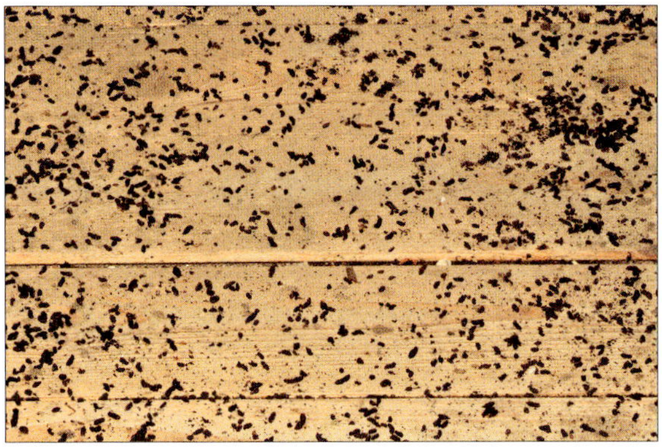

Wie du schon weißt, befinden sich die Wochenstuben von Fledermäusen oft auf Dachböden oder in Spalten außen am Gebäude. Wenn du einmal auf einem Dachboden bist, solltest du zuerst immer auf den Boden schauen, ob dort kleine, schwarze Kotkrümel liegen. Diese stammen in der Regel nicht von Mäusen, sondern von Fledermäusen. Mit einer

Wasserfledermaus im Netz
Foto: U. Hoffmeister

guten Taschenlampe kannst du sie dann machmal direkt darüber im Dachfirst hängen sehen.

Schwieriger ist es schon, ihre Quartiere außen an Häusern zu finden. Sie können sich hinter Fensterläden verstecken, in Spalten zwischen Balken und Mauerwerk bei Fachwerkhäusern, im Dachkasten unterhalb der Dachrinne oder sogar in den Spalten zwischen den Betonplatten großer Neubaublöcke und Hochhäuser.

Ring (Klammer) am Unterarm einer Zweifarbfledermaus

Waldfledermäuse beziehen Baumhöhlen, Risse und Spalten in Baumstämmen und verstecken sich manchmal hinter Baumrinde. Die im Regenwald Costa Ricas lebende Gelbohrfledermaus verbirgt sich sogar unter einem Zelt aus einem Blatt. Sie beißt dazu die Rippen eines großen Blattes so durch, dass sich dieses wie ein Zeltdach zusammenfaltet.

In Südeuropa bewohnen viele Fledermausarten auch im Sommer Felshöhlen. Oft sind diese aber verschlossen. In offene

Höhlen solltest du jedoch wegen der Gefahr, dich zu verlaufen oder zu verletzen, nie allein hineingehen. In den für Touristen beleuchteten Tropfsteinhöhlen wirst du allerdings meist keine Fledermäuse mehr sehen können, denn die Störungen sind für sie zu groß.

Vielleicht willst du auch erfahren, woher wir wissen, wie alt Fledermäuse werden können und wie weit sie wandern. Herausgefunden hat man das durch die Fledermausberingung. Fledermausforscher dürfen Fledermäuse mit einer kleinen, leichten Aluminiumklammer am Unterarm beringen. Diese Ringe – eigentlich sind es ja Klammern – werden am Unterarm nicht völlig geschlossen. Sie lassen sich dadurch frei auf dem Unterarm verschieben und behindern die Fledermäuse nicht. Auf dem Ring stehen die Beringungszentrale und eine Nummer. Die Beringungszentrale kann dann später immer feststellen, wo, wann und durch wen die Fledermaus einmal beringt wurde, wenn jemand eine Fledermaus mit Ring gefunden hat.

Zweifarbfledermäuse werden an ihrem Quartier mit speziellen Fanggeräten (Fledermaus-Harfen, Bau Uwe Hoffmeister) zur Beringung gefangen. Sie fallen dabei in große Plastebeutel und kommen so nicht zu Schaden.

Eine große Hilfe für die Fledermausforschung sind Bat-Detektoren (sprich: Bät-Detektoren. „Bat“ ist das englische Wort für „Fledermaus“.). Mit einfachen Geräten kannst du feststellen, ob in deiner Umgebung abends Fledermäuse fliegen. Spezialisten können mit komplizierteren und teureren Detektoren an den Ultraschallrufen sogar die Arten bestimmen.

Für die Fledermausberingung werden Fledermäuse auch mit ganz feinen Vogelfangnetzen gefangen, die sie trotz Ultraschall-Echolot nicht erkennen können. Da sie dann gleich aus dem Netz herausgenommen und beringt werden, stellt das keine Gefahr für sie dar. Manchmal wird auch einzelnen Fledermäusen ein winziger Sender auf den Rücken geklebt. Dann verfolgen die Forscher, wohin sie nach dem Freilassen fliegen. Dadurch ist es dann möglich, ihre Wochenstube oder aber auch ihr Jagdgebiet zu finden. Der Sender fällt

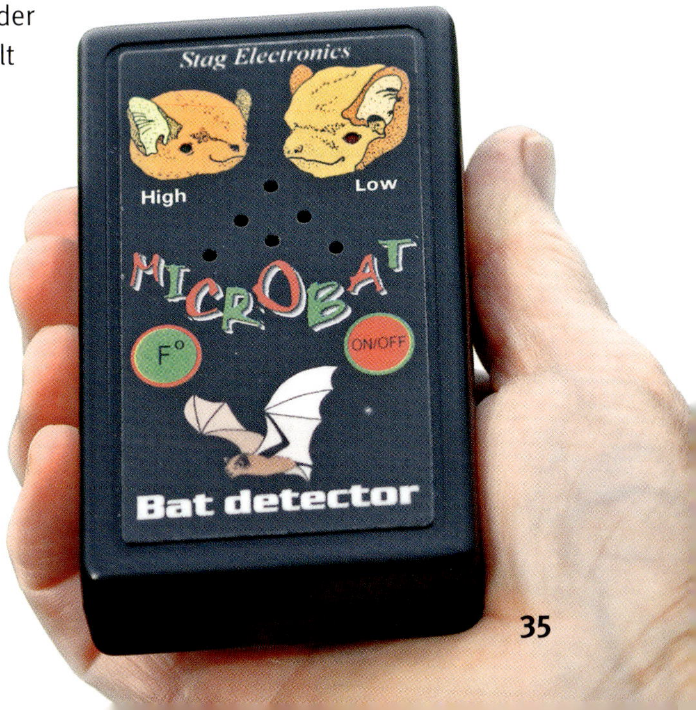

Einfacher Ultraschall-Detektor

Lieben Fledermäuse Ruinen?

Viele Menschen glauben, dass Fledermäuse besonders häufig in Ruinen leben. Sicher können sich dort einzelne gelegentlich verstecken, für eine Wochenstube ist es aber oft zu kalt, und für ein Winterquarier fehlen meist frostfreie Keller.

Freundliche Plüsch-fledermaus

nach wenigen Tagen von allein wieder ab. Diese Methode wird Telemetrie genannt.

Will man wissen, wie viele Fledermäuse und welche Arten in einem Winterquartier ihren Winterschlaf halten, kann man versuchen, sie dort zu zählen. Da sie sich aber oft in Spalten verstecken und man in Höhlen nie in alle engen Gänge hineinkommt, finden die Forscher fast immer nur einen Teil der Tiere. Der Einbau einer Lichtschranke in den Eingang kann dieses Problem lösen. Wird die Lichtschranke mit einem Zählwerk und einer Kamera kombiniert, werden diese automatisch ausgelöst, wenn eine Fledermaus den Lichtstrahl unterbricht. Die Fledermäuse zählen und fotografieren sich dadurch praktisch selbst. Später können die Forscher dann auf den Fotos sogar die Fledermausarten bestimmen.

Wenn du noch mehr über Fledermäuse erfahren willst, kannst du dich auch an eine Fachgruppe für Fledermausschutz und -forschung wenden. Diese Gruppen gehören meist zu den Naturschutzverbänden NABU oder BUND. Sie organisieren in jedem Jahr an vielen Orten Ende August oder Anfang September eine Fledermausnacht. Dazu gehören oft Exkursionen, auf denen du dann auch lebende Fledermäuse sehen oder ihre Rufe über einen Bat-Detektor hören kannst. Vielleicht gibt es auf einem Fledermausfest auch eine Fledermaus aus Plüsch oder einen kleinen „Dracula" als Souvenir.

Mausohr fliegt im Thelersberger Stolln durch eine ChiroTEC-Fotofalle (Karl Kugelschafter) und fotografiert sich dabei sozusagen selbst

Gefahren für Fledertiere

Teufel mit Fledermausflügeln ärgern fromme Menschen. Rila-Kloster, Bulgarien.

Obwohl Fledermäuse interessante, harmlose und liebenswerte Tiere sind, haben einige Menschen immer noch Angst vor ihnen und versuchen, sie zu vertreiben oder sogar zu töten. Sicher spielt dabei ihre nächtliche und versteckte Lebensweise eine Rolle, denn was wir nicht genau kennen, erscheint uns oft unheimlich. Viele Menschen haben ja auch in ihrem Leben noch nie eine lebende Fledermaus aus der Nähe gesehen. In früheren Jahrhunderten dachte man sogar, Fledermäuse stünden mit dem Teufel im Bunde.

Wenn Fledermäuse im Herbst einmal durch offene Fenster in ein Zimmer fliegen, ist das kein Grund zur Panik. Werden dann alle Fenster weit geöffnet, verschwinden sie meist auf dem gleichen Weg. Ihr müsst aber auch nachsehen, ob sich nicht einige von ihnen in Gardinenfalten, hinter Bildern, in offenen Vasen oder anderen Verstecken verborgen haben. Meist kann man sie dort ganz einfach greifen (Handschuhe dabei nicht vergessen!) und spät abends draußen wieder fliegen lassen. Danach sollten die Fenster aber für einige Tage nachts geschlossen bleiben, denn sonst kommen sie vielleicht noch einmal wieder.

Fledermäuse im Haar?

Auch heute glauben manche Menschen nach wie vor, dass ihnen Fledermäuse in die Haare fliegen könnten und dass man sie dort dann nicht mehr herausbekommt. Sie wissen nicht, dass eine Fledermaus mit ihrer Ultraschallortung sogar das Echo eines einzelnen Haares hören kann und diesem dann ausweicht.

Gegenüber tierischen Feinden sind fast alle Fledermäuse trotz ihrer spitzen Zähne ziemlich hilflos. Zwerg- und Rauhautfledermäuse rollen sich bei Gefahr oder einer Störung manchmal zu einer kleinen Fellkugel zusammen und stellen sich tot. Vielleicht werden sie dann auch tatsächlich manchmal von Feinden übersehen. Größere Fledermausarten wie das Mausohr und der Abendsegler können bei Gefahr zwar kräftig zubeißen, aber gegen größere Feinde hilft das kaum.

In Europa fangen einige Greifvögel wie Wanderfalke und Turmfalke manchmal in der Dämmerung eine fliegende Fledermaus. Wenn sie sich ihr von hinten nähern, kann diese sie nicht

Die unfreiwillig in die Haare gesetzte Mückenfledermaus sieht etwas ängstlich aus

Schleiereule mit erbeutetem Mausohr
Foto: T. Pröhl, fokus-natur

mit ihrem Echolot erkennen und ist leicht zu fangen. Unter den Eulen sind der Waldkauz und die Schleiereule gelegentliche Fledermausfänger. Beide können den Fledermäusen bei ihrem abendlichen Ausflug auflauern. Die Schleiereule bewohnt manchmal aber auch denselben Dachboden wie eine Fledermauswochenstube. Sie ernährt sich sonst zwar überwiegend von Mäusen und Spitzmäusen, holt sich aber auch Zusatzmahlzeiten aus der Wochenstube. Oft ziehen die Fledermäuse dann in ein anderes Quartier.

Baum- und Steinmarder erbeuten Fledermäuse gelegentlich in Baumhöhlen oder anderen Quartieren. Auch Hauskatzen sind nicht immer nur Mäusefänger, sondern lauern manchmal auch ausfliegenden Fledermäusen auf. Meist fressen sie diese zwar nicht, verletzen oder töten sie aber.

Alle diese tierischen Feinde sind jedoch keine ernsthafte Gefahr für den Fortbestand der Fledermäuse. Die größte Bedrohung geht für sie immer noch vom Menschen aus. Viele Jahrzehnte lang wurden giftige Holzschutzmittel eingesetzt, die außer den Holzschädlingen auch ganze Fledermauswochenstuben töteten. Die in freier Natur verwendeten Insektenbekämpfungsmittel vergifteten oft nicht nur die Insekten, sondern auch Fledermäuse. Außerdem verloren diese durch den Tod der Insekten viele ihrer Beutetiere und hatten nicht mehr genug zu fressen.

Die Zerstörung von Wochenstuben und Winterquartieren durch Abriss von Gebäuden oder Bausanierung ist für Fledermäuse nach wie vor eine große Gefahr. Viele Menschen versuchen heute auch alle Spalten und kleine Öffnungen zu ihren Dachböden und Häusern zu ver-

Straßen und andere Gefahren

Fledermäuse können auch im Straßenverkehr mit Autos zusammenstoßen oder an Windrädern verunglücken. Ihre Jagdgebiete können durch Straßenbau und andere Bauvorhaben zerstört werden, sodass die Liste der Gefahren für Fledermäuse in der modernen Welt immer länger wird.

Junger Wanderfalke

Links: Bei Gefahr rollen sich Rauhautfledermäuse manchmal zu einer kleinen Fellkugel zusammen und stellen sich tot

Rechts: Windräder

schließen, um so ihre harmlosen Untermieter auszusperren. Wenn diese dabei nicht sogar getötet werden, müssen sie sich neue Quartiere suchen.

Flughunden geht es oft ebenfalls nicht viel besser. Da sie sich auch an den süßen Früchten in Obstplantagen bedienen, werden sie dort häufig verfolgt und getötet. In manchen Ländern werden große Flughunde sogar auf dem Markt verkauft und dann gegessen. Durch alle diese Faktoren sind heute weltweit viele Fledermaus- und Flughundarten vom Aussterben bedroht. Oft können sie sich den großen Veränderungen ihrer Umwelt nicht so schnell anpassen. Es gibt aber auch Fledermausarten, die moderne Hochhäuser, Brücken und andere Bauten als Ersatz für Felsen und Höhlen ansehen und sie als Wochenstuben- und Winterquartiere nutzen. Wir sollten dafür sorgen, dass sie dort nicht gestört oder vertrieben werden.

Waldkauz an seinem Tagesschlafplatz

Obwohl die Wände durch Feuer verrußt sind, hat sich wieder ein Mausohr zum Winterschlaf eingefunden

Wir helfen Fledermäusen

Alle europäischen Fledermausarten stehen auf der sogenannten Roten Liste der vom Aussterben bedrohten Tierarten. Sie sind daher streng geschützt. Da sie in ihre Winter- und Wochenstubenquartiere meist über viele Jahre immer wieder zurückkehren, müssen diese besonders geschützt werden. Winterquartiere von Fledermäusen sind auch keine Abenteuerspielplätze. Wird dort Feuer gemacht oder werden Knallkörper gezündet, können die Fledermäuse dadurch vertrieben oder sogar getötet werden. Auch wenn du in einem feuchten Keller oder in einer Höhle im Winter keine Fledermäuse siehst, können sie dort trotzdem in Spalten oder anderen Verstecken schlafen. Am besten ist es daher, Höhlen oder andere Winterquartiere mit Gittern oder Türen zu verschließen. Für die Fledermäuse ist dann eine kleine Öffnung in der Tür ausreichend, um hinein- und hinauszukommen.

In manchen Kellern oder alten Bunkern gibt es nicht genug Spalten, in denen sich Fledermäuse zum Winterschlaf verstecken könnten. Die Schaffung künstlicher Spalten im Mauerwerk oder das Anbringen von Hohlblocksteinen kann ihnen dort helfen.

Von Schutt befreiter und als Fledermauswinterquartier gesicherter Eiskeller im Fledermausmuseum Julianenhof

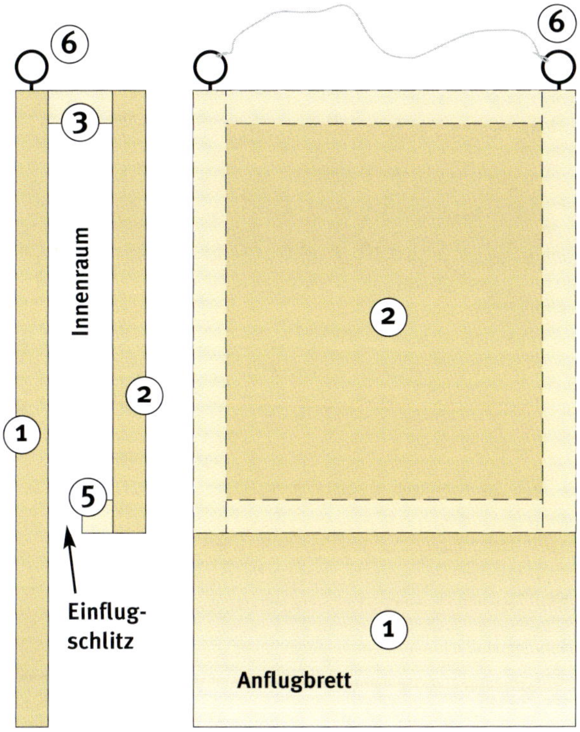

Seitliche Ansicht **Ansicht von vorn**

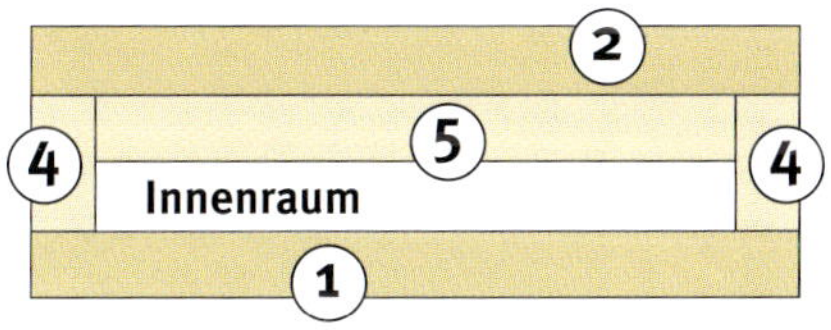

Ansicht von unten

1 Rückwand 45 x 25 x 2 cm
2 Vordergrund 30 x 25 x 2 cm
3 Dachleiste 21 x 4 x 2 cm
4 Seitenwand 30 x 4 x 2 cm
5 Leiste am Einflug 21 x 4 x 2 cm
6 Holzschrauben und Draht zum Aufhängen

Bauplan für einen Fledermaus-Spaltenkasten

Baumaterial: sägerauhes, unbehandeltes Holz, Stärke 2 cm oder mehr

Innenraum: etwa 4 cm breit, aber auch 3–5 cm möglich

Einflugschlitz: etwa 2 cm, aber auch 1,5–2,5 cm möglich

Anflugbrett (Teil der Rückwand) nicht wie übrigen Kasten in Dachpappe einschlagen!

Fledermaus-Spaltenkasten. Das Anflugbrett für die Fledermäuse muss frei von Dachpappe sein.

Alte Wassermühle mit vielen Spalten zwischen Mauerwerk und Balken sowie Kellern. Werden solche Gebäude saniert, dürfen die Fledermausquartiere in ihnen nicht zerstört werden.

Bei Hausfledermäusen ist es besonders wichtig, die Hausbesitzer für den Schutz der seltenen Tiere zu gewinnen. Nur wenn sie sich mit ihren heimlichen Untermietern anfreunden, sind die Fledermäuse sicher. Besonders die Einflugspalten zum Quartier müssen immer offen bleiben. In der Zeit von April bis Ende August dürfen in der Nähe einer Wochenstube keine Bauarbeiten am Haus erfolgen. Befinden sich die Quartiere außen am Haus, werden sie von den Hausbewohnern oft gar nicht bemerkt. Und wenn doch, sollten die wenigen schwarzen Kotkrümel an der Fassade, die der nächste Regen wieder ab-

Junges, nach seiner Mutter rufendes Mausohr

wäscht, eigentlich kein Problem sein.

Bei größeren Wochenstuben auf Dachböden können Verschmutzungen durch eine Plastefolie vermieden werden. Der darin aufgefangene Fledermauskot ist außerdem ein sehr guter Blumendünger.

Fledermäuse in oder an einem Haus anzusiedeln, ist schwierig. Viele Arten wechseln nicht gerne ihre Quartiere, und außerdem haben sie offenbar auch ihre eigenen Vorstellungen, wie ein gutes Quartier auszusehen hat. Ein Versuch mit einem Fledermausbrett am Haus oder einem Fledermauskasten im Garten kann aber in keinem Fall schaden. Wenn dann noch ein Garten mit vielen Blumen und Insekten da ist oder Wald und Wiesen in der Nähe sind, kommen sie vielleicht.

Waldfledermäuse haben wenig Probleme mit der Suche nach einem Quartier, wenn die Förster alte Bäume mit Baumhöhlen stehen lassen. In Wäldern mit wenigen Baumhöhlen kann man Fledermäusen aber auch durch das Anbringen einfacher Fledermauskästen helfen. Es gibt heute viele verschiedene Fledermauskästen zu kaufen, aber ein flacher Holzkasten, den ihr auch selbst bauen könnt, reicht auch aus. Er wird im Wald gerne von Rauhautfledermaus, Abendsegler, Braunem Langohr, aber auch anderen Arten bezogen. Wichtig ist, dass das verwendete Holz rau ist, nur dann können sich die Fledermäuse gut daran festhalten. Bei glattem Holz muss die Innenseite der Kastenrückwand aufgeraut werden, oder man sägt kleine Querrillen hinein. Damit ein solcher Fledermauskasten innen schön warm ist und lange hält, wird er wie ein Paket in Dachpappe eingeschlagen. Nur das Anflugbrett unter dem Einflugschlitz muss frei bleiben. Noch haltbarer sind Fledermauskästen aus Holzbeton, die es bei verschiedenen Firmen zu kaufen gibt.

Die Fledermauskästen können dann entlang eines Waldweges oder einer Waldwiese im Abstand von 30 bis 50 Metern in drei bis vier Meter Höhe an Bäumen aufgehängt werden. Die Kontrolle ist einfach, denn wenn man von unten mit einer Taschenlampe kurz hineinleuchtet, sieht man, ob die Fledermäuse ihre neue Wohnung bezogen haben.

Hilflose erwachsene Fledermäuse können verletzt oder krank sein oder einfach auch nur geschwächt. Ihr fasst sie mit Handschuhen oder einem Tuch an und setzt sie am besten erst einmal in einen Pappkarton, in dem sie sich in

Was tun mit Findlings-Babys?

Was kannst du tun, wenn du unter einer Wochenstube eine junge, noch nicht flugfähige Fledermaus findest? Am besten ist es, sie abends so dicht wie möglich an den Eingang der Wochenstube zu setzen oder am besten sogar direkt hinein. Wenn die Fledermausmutter noch lebt, holt sie ihr rufendes Junges von dort wieder ab. Gelingt das nicht, muss das Junge künstlich aufgezogen werden. Das können aber nur erfahrene Spezialisten. Die sollte man dann anrufen – Adressen findest du im Anhang.

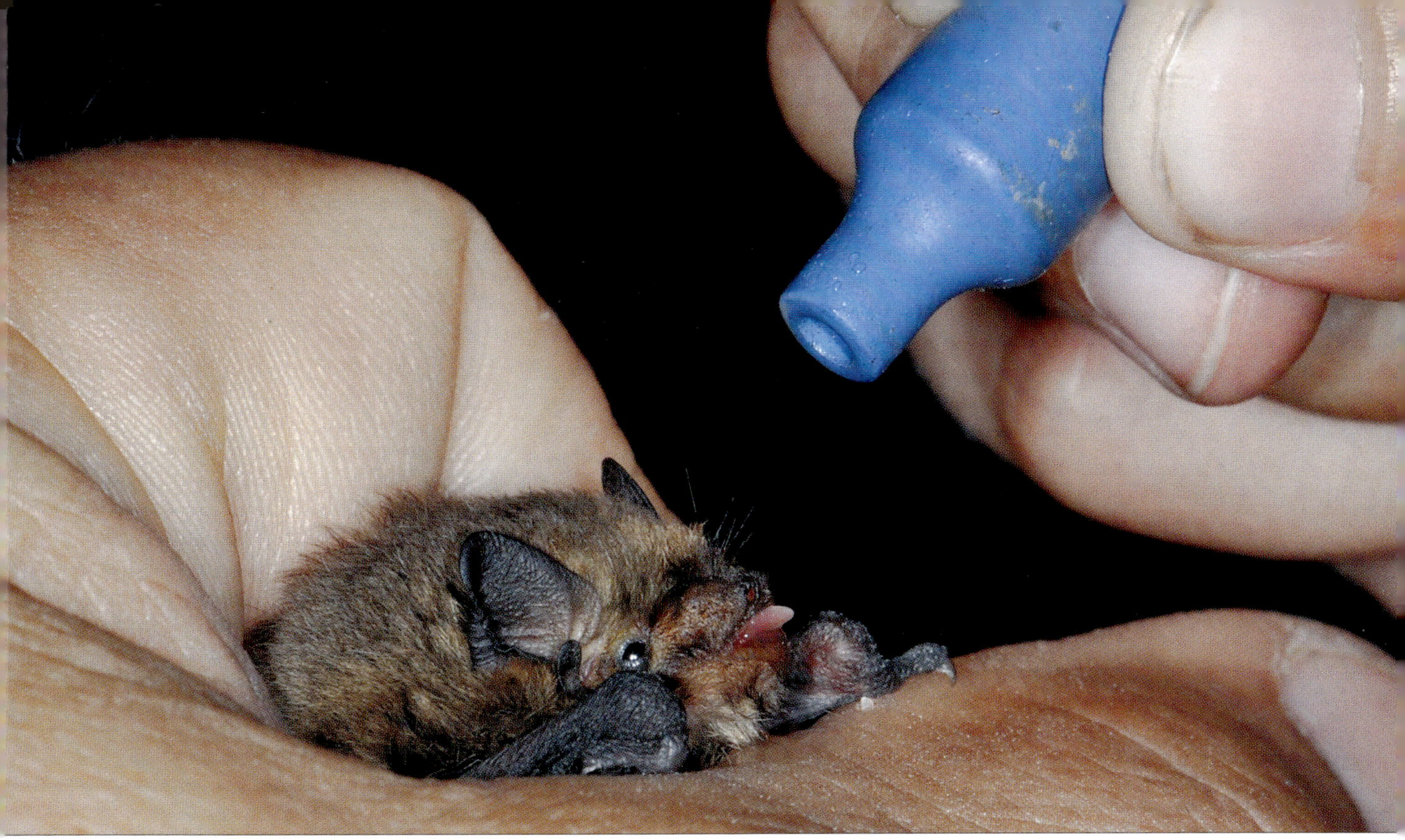

Eine geschwächte Mückenfledermaus bekommt Wassertropfen zu trinken ...

einem Tuch verstecken können. Wenn ihr den Karton dann noch in eine ruhige, kühle Ecke stellt, beruhigt sich die Fledermaus schnell. Oft haben solche Fledermäuse längere Zeit nichts mehr getrunken, und ihr Körper ist ausgetrocknet. Wenn man ihnen mit einer Pipette oder einem Holzstäbchen Wassertropfen anbietet, trinken sie diese meist sofort. Ist die Fledermaus verletzt oder aus anderen Gründen flugunfähig, sodass sie nicht am selben Abend wieder freigelassen werden kann, muss sie auch Nahrung erhalten. Da aber die meisten Fledermäuse ihre Beute im Flug fangen, müssen sie erst lernen, Mehlwürmer von einer Pinzette oder aus einem Schälchen zu fressen. Für solch eine Pflege braucht man viel Zeit und Erfahrung. Ihr solltet dann unbedingt Kontakt zu Fledermausspezialisten suchen, die die Pflege der Fledermaus übernehmen können. Adressen können euch die Naturschutzverbände NABU und BUND nennen, ebenso die Umweltämter oder auch vielleicht der nächstgelegene Zoo oder Tierpark.

Du hast jetzt sehr viel über Fledertiere erfahren, weißt, wie sie aussehen, wo und wie sie leben. Ich würde mich freuen, wenn ich dein Interesse an diesen liebenswerten kleinen Tieren geweckt habe und du mithilfst, sie zu schützen.

... und frisst dann einen frisch gehäuteten Mehlwurm

Das Große Fledermaus-Quiz

Wenn du die Fragen liest, kannst du jetzt sicher die meisten von ihnen richtig beantworten, denn du bist nun schon ein kleiner Fledermaus-Experte. Es ist immer nur eine Antwort richtig. Auf der Seite 46 findest du die Auflösungen.

1. Womit fliegen Fledermäuse?

a) mit Flügeln aus Federn ○
b) mit Flügeln aus Flughäuten ○
c) mit einem Gleitschirm aus behaarter Haut ○

2. Wie viele Arten von Fledermäusen und Flughunden gibt es?

a) 20 Arten ○
b) etwa 300 Arten ○
c) über 1.100 Arten ○

3. Was fressen die europäischen Fledermäuse?

a) Früchte ○
b) meist Insekten ○
c) Regenwürmer ○

4. Wie finden Fledermäuse ihre Beute in der Luft?

a) sie sehen sie ○
b) sie finden sie mit ihrem Ultraschall-Echolot ○
c) sie erkennen sie an ihren Fluggeräuschen ○

5. Wie schnell können Fledermäuse in geschlossenen Ortschaften fliegen?

a) schneller als die Polizei erlaubt (bis über 70 Kilometer pro Stunde) ○
b) 25 Kilometer pro Stunde ○
c) 10 Kilometer pro Stunde ○

6. Wie viel wiegt die kleinste europäische Fledermaus?

a) etwa 10 Gramm ○
b) etwa 4 Gramm ○
c) etwa 18 Gramm ○

7. Was machen Fledermäuse im Winter?

a) sie halten in Kellern und Höhlen Winterschlaf ○
b) sie verstecken sich in Häusern in der Nähe der warmen Schornsteine ○
c) sie graben sich in der Erde ein ○

8. Wie viele Junge bekommen Fledermäuse im Jahr?

a) meist nur eines, selten zwei ○
b) meist drei bis vier ○
c) sieben bis zehn ○

Großer Abendsegler

9. Wie alt können Fledertiere werden?

a) 30 bis 40 Jahre ❍
b) meist zwei bis drei Jahre ❍
c) zehn bis zwölf Jahre ❍

10. Wo befinden sich die Wochenstuben, in denen die Fledermäuse ihre Jungen aufziehen?

a) in selbst gebauten Nestern ❍
b) in kleinen Erdhöhlen ❍
c) an den Decken von Höhlen, Dächern oder in Baumhöhlen ❍

11. Woher haben Flughunde ihren Namen?

a) weil sie bellen ❍
b) weil ihr Gesicht dem eines Hundes oder Fuchses ähnelt ❍
c) weil sie Raubtiere sind ❍

12. Wo leben Flughunde?

a) in Asien, Australien und Afrika ❍
b) in Amerika ❍
c) in Europa ❍

13. Warum können wir die Ultraschallrufe der Fledermäuse nicht hören?

a) weil die Töne zu leise sind ❍
b) weil die Töne zu hoch sind ❍
c) weil die Töne zu tief sind ❍

14. Auf dem Bild oben hat sich eine Wasserfledermaus einer Winterschlafgruppe von Mausohren angeschlossen. Suche sie.

Lösungen für das Fledermaus-Quiz

1. Womit fliegen Fledermäuse?
b: Fledermäuse haben Flügel aus unbehaarten Flughäuten.

2. Wie viele Arten von Fledermäusen und Flughunden gibt es?
c: Bisher wurden über 1.100 Arten von Fledermäusen und Flughunden beschrieben.

3. Was fressen die europäischen Fledermäuse?
b: Alle unsere einheimischen Fledermäuse fressen Insekten, manche auch Spinnen.

4. Wie finden Fledermäuse ihre Beute in der Luft?
b: Fledermäuse rufen im Ultraschallbereich und orientieren sich nach dem Echo der Rufe.

5. Wie schnell können Fledermäuse in geschlossenen Ortschaften fliegen?
a: Die Langflügelfledermaus erreicht etwa 70 Kilometer pro Stunde, die brasilianische Guanofledermaus sogar bis 100 Kilometer pro Stunde.

6. Wie viel wiegt die kleinste europäische Fledermaus?
b: Die kleinsten europäischen Fledermäuse sind die Nymphen- und die Mückenfledermaus, sie wiegen nur 4 bis 5 Gramm.

7. Was machen Fledermäuse im Winter?
a: Sie halten Winterschlaf in frostfreien, feuchten, dunklen Winterquartieren.

8. Wie viele Junge bekommen Fledermäuse im Jahr?
a: Fledermäuse und Flughunde haben nur ein, seltener zwei Junge im Jahr.

9. Wie alt können Fledertiere werden?
a: Eine Große Bartfledermaus wurde 41 Jahre alt, viele Arten erreichen über 30 Jahre.

10. Wo befinden sich die Wochenstuben, in denen die Fledermäuse ihre Jungen aufziehen?
c: Die jungen Fledermäuse sitzen meist frei an Höhlendecken, im Dachfirst oder in Baumhöhlen.

11. Woher haben Flughunde ihren Namen?
b: Die Schnauze mancher Flughunde ähnelt einer Hundeschnauze.

12. Wo leben Flughunde?
a: In Europa und Amerika leben keine Flughunde.

13. Warum können wir die Ultraschallrufe der Fledermäuse nicht hören?
b: Die Töne sind mit Frequenzen über 20 Kilohertz vom menschlichen Ohr nicht mehr wahrnehmbar, sie sind also zu hoch für uns.

14. Auf dem Bild hat sich eine Wasserfledermaus einer Winterschlafgruppe von Mausohren angeschlossen: Die im Vergleich zu Mausohren deutlich kleinere Wasserfledermaus sitzt oben links neben dem weißen Bauch eines Mausohrs.

Schlafende Palmenflughunde

Kleine Gelbschulterfledermaus

Zoos und Tiergärten,
in denen du Flughunde und Fledermäuse sehen kannst

Zoo Aschersleben
Auf der Alten Burg 40, 06449 Aschersleben,
www.zoo-aschersleben.de
Art: Nilflughund

Wildpark Bad Mergentheim
97968 Bad Mergentheim, www.wildpark.de
Art: Nilflughund

Tierpark Berlin-Friedrichsfelde
Am Tierpark 125, 10319 Berlin,
www.tierpark-berlin.de
Arten: Indischer Riesenflughund, Palmenflughund, Gambia-Epaulettenflughund

Zoologischer Garten Berlin
Hardenbergplatz 8, 10787 Berlin,
www.zoo-berlin.de
Arten: Brillenblattnase, Vampirfledermaus, Spitzmaus-Langzüngler (Pallas-Langzungenfledermaus), Nilflughund

Zoo Eberswalde
Am Wasserfall 1, 16225 Eberswalde,
www.zoo.eberswalde.de
Arten: Nilflughund, Palmenflughund

Tiergarten Falkenstein
Allee 9, 08223 Falkenstein/Vogtland
Art: Nilflughund

Zoologischer Garten Frankfurt
Bernhard-Grzimek-Allee 1, 60316 Frankfurt/Main,
www.zoo-frankfurt.de
Art: Brillenblattnase

Zoom Erlebniswelt Gelsenkirchen
Bleckstr. 47, 45889 Gelsenkirchen,
www.zoom-erlebniswelt.de
Art: Kalong

Tierpark Gotha
Töpfleber Weg 2, 99867 Gotha,
www.tierpark-gotha.de
Art: Nilflughund

Tropenaquarium Hagenbeck Hamburg-Stellingen
Lokstedter Grenzstr. 2, 22527 Hamburg-Stellingen,
www.hagenbeck-de
Arten: Rodriguez-Flughund, Brillenblattnase

Zoologischer Garten Halle
Fasanenstr. 5a, 06114 Halle/Saale,
www.zoo-halle.de
Art: Gambia-Epaulettenflughund

Zoo Köln
Riehler Str. 173, 50735 Köln, www.koelnerzoo.de
Art: Rodriguez-Flughund

Zoologischer Garten Krefeld
Uerdinger Str. 377, 47800 Krefeld,
www.zookrefeld.de
Arten: Gambia-Epaulettenflughund, Blütenfledermaus, Spitzmaus-Langzüngler (Pallas-Langzungenfledermaus)

Zoologischer Garten Leipzig
Pfaffendorfer Str. 29, 04105 Leipzig,
www.zoo-leipzig.de
Art: Vietnam-Inselflughund

Tierpark Hellabrunn München
Tierparkstr. 30, 81543 München,
www.tierpark-hellabrunn.de
Arten: Palmenflughund, Brillenblattnase

Allwetterzoo Münster
Sentruper Str. 315, 48161 Münster,
www.allwetterzoo.de
Art: Nilflughund

Tiergarten Nürnberg
Am Tiergarten 30, 90480 Nürnberg,
www.tiergarten.nürnberg.de
Art: Spitzmaus-Langzüngler (Pallas-Langzungenfledermaus)

Vogelpark Schotten
Vogelsbergstr. 22, 63679 Schotten,
www.vogelpark-schotten.de
Art: Nilflughund

Wildpark Schwarze Berge
Am Wildpark 1, 21224 Rosengarten-Vahrendorf,
www.wildpark-schwarze-berge.de
Art: Nilflughund

Zoologisch-Botanischer Garten Wilhelma
Neckartalstr., 70376 Stuttgart, www.wilhelma.de
Arten: Kalong, Nilflughund, Brillenblattnase

Vogelpark Walsrode
Am Rieselbach, 29664 Walsrode,
www.vogelpark-walsrode.de
Art: Palmenflughund

Zoo in der Wingst
Am Olymp 1, 21789 Wingst, www.wingstzoo.de
Art: Nilflughund

Fledermausmuseen, Schutz- und Forschungsstationen

Noctalis Fledermauspark Bad Segeberg: 23795 Bad Segeberg, Tel. 04551 80820, www.noctalis.de; Art: Brillenblattnase

Fledermausmuseum Julianenhof 156: 15377 Märkische Höhe, Tel. 033437 15256, von Mai bis Oktober geöffnet, Eintritt frei, www.fledermausmuseum-julianenhof.de

Berliner Artenschutz Team-BAT-e.V.: Spandauer Zitadelle, Haus 4, 13599 Berlin, Tel. 030 36750061, www.bat-ev.de, info@bat-ev.de, Fledermauskeller Mi., Fr., Sa. und So. von 12:00-16:00 Uhr geöffnet; Arten: Nilflughund, Gambia-Epaulettenflughunde, Brillenblattnasen, Blumenfledermäuse aus Kuba

Pension „Zur Fledermaus“: Am Teufelsbruch 1, 17192 Waren (Müritz) Tel. 03991 663293, www.pension-fledermaus.de; Arten: Kleine Mausschwanzfledermaus, Brillenblattnase

Nützliche Adressen für Jung und Alt

Naturschutzbund Deutschland (NABU) e. V.
Bundesgeschäftsstelle Charitéstr. 3, 10117 Berlin; Die Naturschutzjugend (NAJU) hat als Jugendorganisation des NABU Gruppen in allen Bundesländern

Bund für Umwelt und Naturschutz Deutschland (BUND) e. V.
Bundesgeschäftsstelle am Köllnischen Parkt 1, 10179 Berlin
Die BUNDjugend ist die Jugendorganisation des BUND

Europäische Fledermausnacht
www.batnight.de (in ganz Europa Ende August/Anfang September)

Schlafender Gambia-Epaulettenflughund

Eurobats: www.eurobats.org

Bundesamt für Naturschutz
Konstatinstr. 110, 53179 Bonn: www.bfn.de

Bat Conservation International
PO Box 162603, Austin, TX 78716, USA: www.batcon.org

Mausohr e. V.
Duseckestr. 42, 13187 Berlin, Tel. 030 36750061

Nyctalus (N. F.)
Berlin, Fledermaus-Fachzeitschrift; Dr. Joachim Haensel (Herausgeber): www.nyctalus.com

Naturschutzbedarf Strobel – Fa. Pröhl
Nitzschkaer Str. 29 A, 04626 Schmölln-Kummer, www.naturschutzbedarf-strobel.de; Bezug verschiedener Typen von Fledermauskästen und Fledermausquartiere

Danksagung

Matthias Schmidt danke ich für die Anregung zu diesem Buch und die Möglichkeit, es im Natur und Tier- Verlag erscheinen zu lassen. Mein besonderer Dank gilt Kriton Kunz für seine verständnisvolle und sachkundige Bearbeitung des Textes sowie Nick Nadolny für die schöne Buchgestaltung. Frau Jutta Tetzlaff danke ich für ihre zuverlässigen Schreibarbeiten, mein Dank gilt auch allen Freunden und Kollegen, die mir bei gemeinsamen Exkursionen das Fotografieren vieler Fledermäuse ermöglicht oder eigene Fotos zur Verfügung gestellt haben.